¡Qué ch

Juan Álvarez Montero
ilustrado por Ana Ochoa

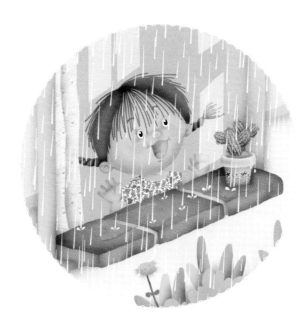

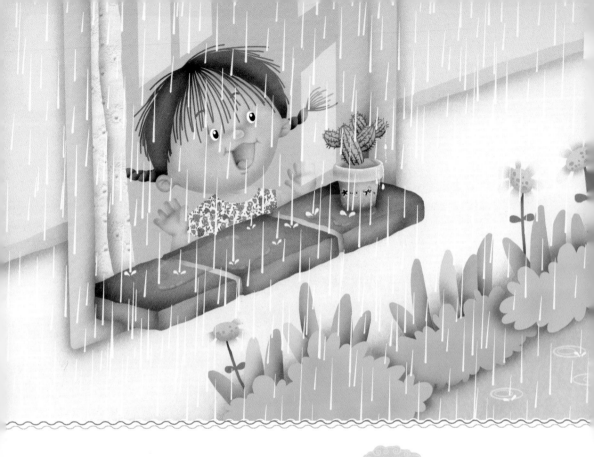

¡Mira qué 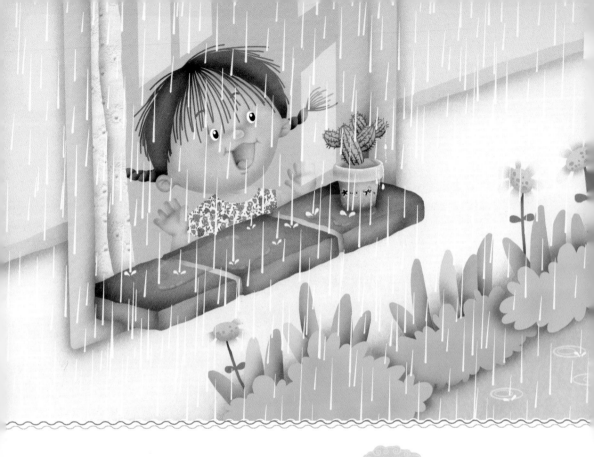 tormenta !

2

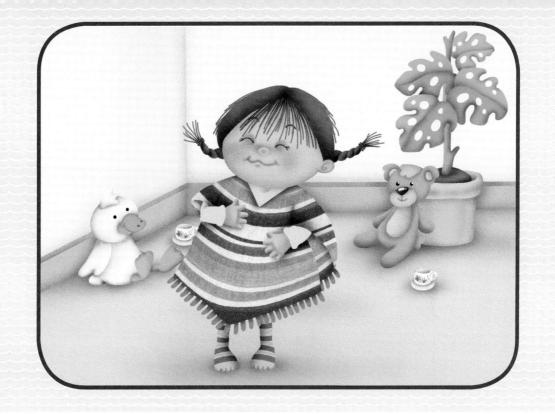

Mira qué bonito .

poncho

3

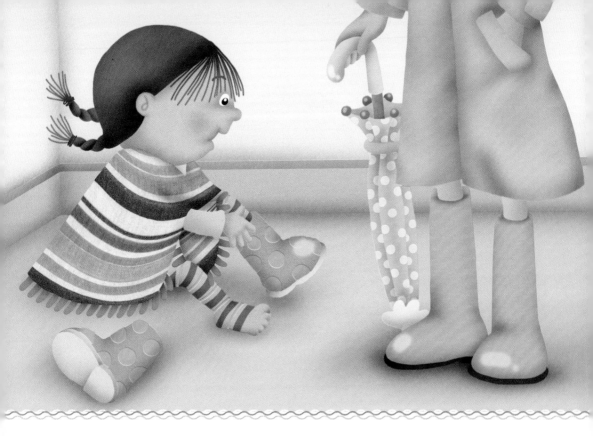

Mira qué bonitas 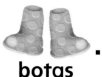.

botas

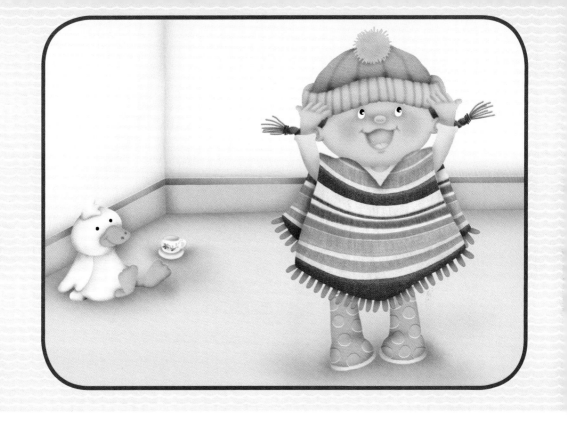

Mira qué bonito .

gorro

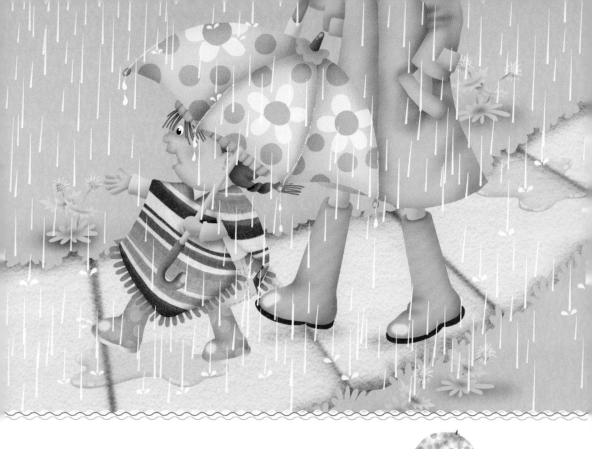

Mira qué bonito 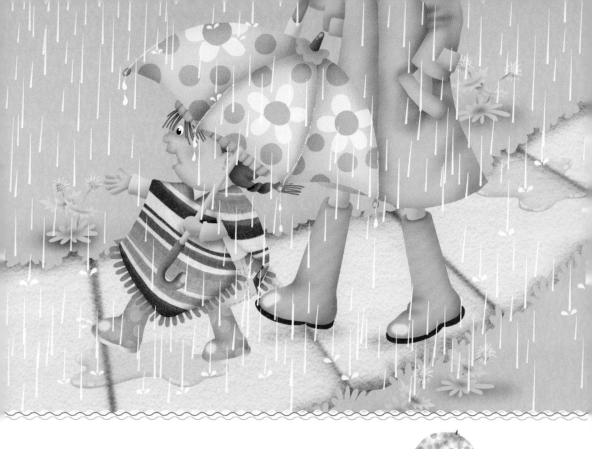.

paraguas

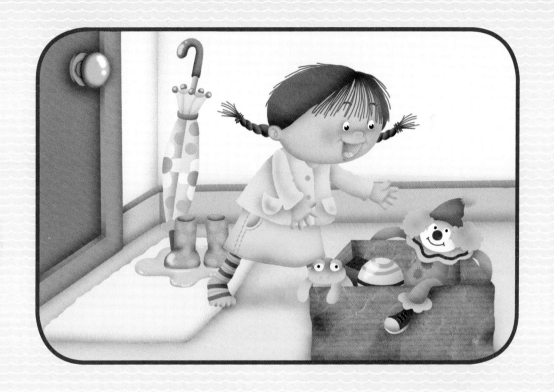

Mira qué bonitos 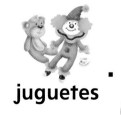.

juguetes

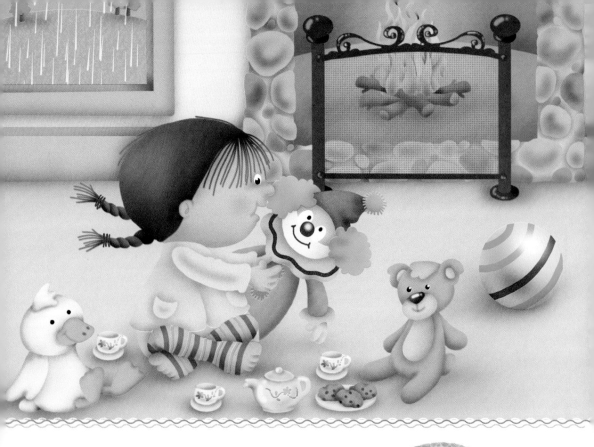

Mira qué bonita 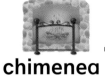.

chimenea